Dieses Buch kann alleine lesen:

__________________________

# Starke Fußball-Silben-Geschichten

CARLSEN

# Silbe für Silbe zum Lese-Erfolg

## Liebe Eltern,

Leseanfänger lesen langsam. Sie müssen jedes Wort Buchstabe für Buchstabe, Silbe für Silbe erlesen. Alle Wörter der Geschichten in diesem Band sind in farbigen Silben markiert. Diese kurzen Buchstabengruppen können Leseanfänger schneller erfassen als das ganze Wort.

Bei den markierten Silben handelt es sich um Sprechsilben. Das heißt, die Wörter sind so in Silben aufgeteilt, wie sie gesprochen werden. Die Sprechsilben entsprechen fast immer auch der möglichen Worttrennung, also den Schreibsilben.

Nur bei der Trennung einzelner Vokale gibt es einen Unterschied: Nach den aktuellen Rechtschreibregeln werden einzelne Vokale am Wortanfang oder -ende nicht abgetrennt. Beim Sprechen unterteilen wir solche Wörter jedoch in mehrere Silben, daher sind sie in diesem Band ebenfalls mit unterschiedlichen Farben markiert: Oma, Radio.

**Ihnen und Ihrem Kind viel Spaß beim Lesen!**

# Inhalt

# Moritz rettet den Fußball

Eine Geschichte von Petra Wiese
mit Bildern von Dorothea Tust

## Fußball im Garten

Anton und Moritz sind Brüder.

Sie machen alles zusammen.

Am liebsten spielen sie Fußball.

Nach dem Mittagessen flitzen sie in den Garten.

Zwei Besen sind das Tor.

Anton ist Torwart.

„Den hältst du nie!“, ruft Moritz.
Er nimmt Anlauf und kickt.
Der Ball fliegt in hohem Bogen
über den Rasen.
Anton springt hoch,
aber er fängt den Ball nicht.
Der Ball fliegt über den Zaun
und landet im Garten
von Herrn Krone.

„Oh nein!“, ruft Moritz.
Anton stampft mit dem Fuß.
„Du Pfeife!“, sagt er.
„Hol den Ball zurück.“

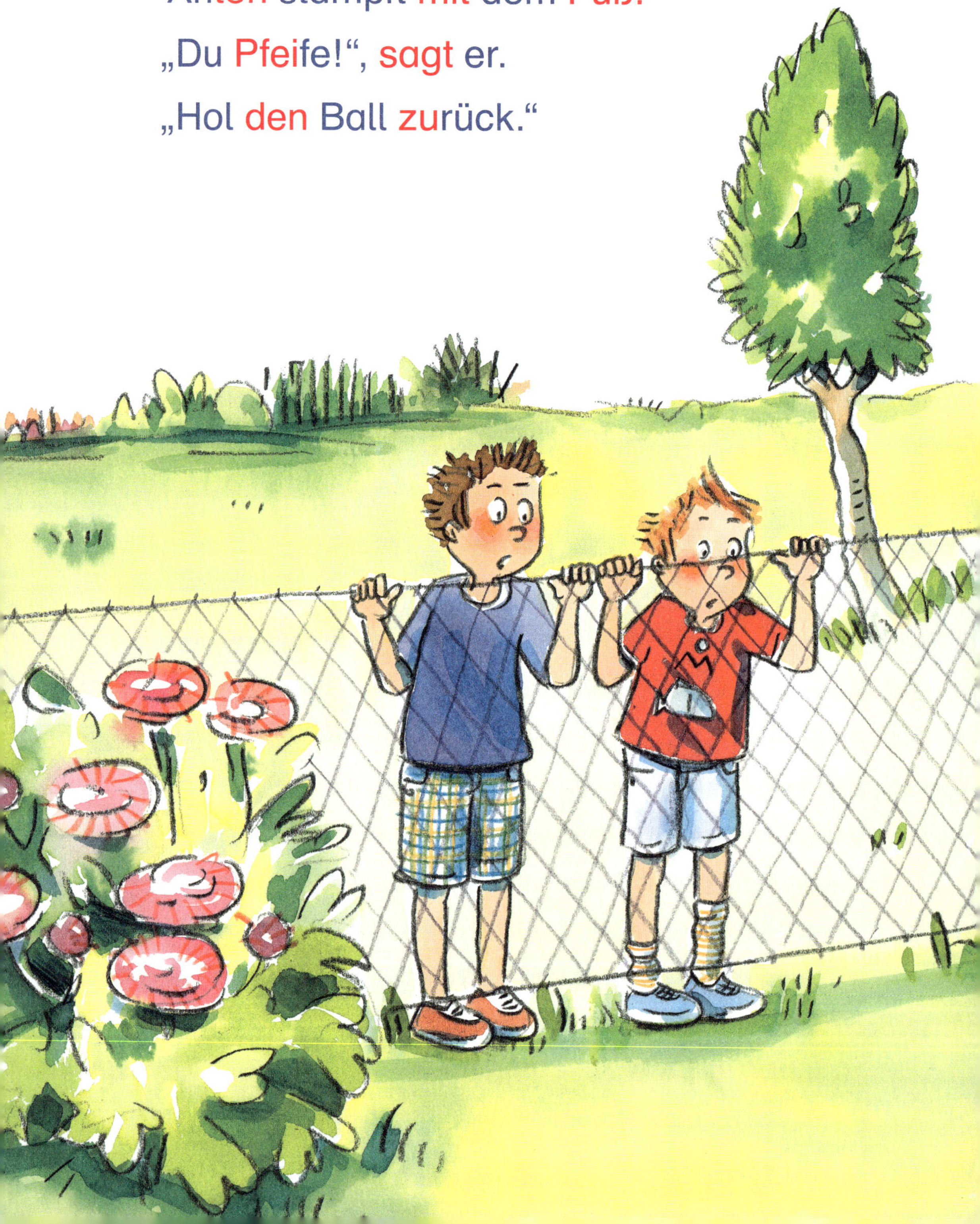

„Wieso ich?“, fragt Moritz.
„Du stehst doch im Tor!“
„Aber du hast geschossen!“,
sagt Anton.
„Also holst du ihn zurück!“
Moritz sagt nichts.
„Du musst bei Herrn Krone klingeln“,
sagt Anton.
„Niemals“, sagt Moritz.
„Der guckt immer so brummig.“

## Leserätsel

Was stimmt?

B Anton und Moritz sind Brüder.

F Anton und Moritz sind Freunde.

E Anton und Moritz sind Schwestern.

Was spielen Moritz und Anton am liebsten?

C Handball

J Opernball

A Fußball

Womit bauen sie das Tor?

G Mit Dosen

L Mit Besen

O Mit Vasen

Wem gehört der Garten nebenan?

Z Herrn Ohne

S Herrn Bohne

L Herrn Krone

Die Buchstaben neben den richtigen Antworten ergeben ein Lösungswort:

__ __ __ __

**Wer klingelt?**

„Du weißt doch, wie Frau Stein uns
zur Schnecke gemacht hat“,
sagt Moritz.
Gestern landete der Ball
im Garten von Frau Stein.
Anton und Moritz klingelten
an ihrer Tür.

Frau Stein kreischte wie eine Hexe,
nachdem sie die Tür geöffnet hatte.
Denn Anton und Moritz hatten sie
beim Mittagsschlaf gestört.
Moritz bekommt eine Gänsehaut,
als er daran denkt.
„Ich traue mich nicht, bei Herrn Krone
zu klingeln“, sagt Moritz.
„Vielleicht macht er auch
einen Mittagsschlaf?“

„Sei kein Frosch“, sagt Anton.

„Geh schon!“

„Ich geh nicht!“, sagt Moritz.

„Du Flasche!“, sagt Anton.

Moritz wird rot wie eine Tomate.

„Wenn du so mutig bist,

dann klingele doch selbst

an seiner Tür“, sagt er.

Anton steckt die Hände

in die Hosentaschen.

Er traut sich auch nicht,
bei Herrn Krone zu klingeln.
„Also bist du auch eine Flasche!“,
ruft Moritz.
Anton wird rot wie eine Paprika.
„Wir klettern über den Zaun“,
meint er.
„Das dürfen wir nicht“,
sagt Moritz.
Ihr Vater hat es verboten.
Der Zaun soll nicht kaputtgehen.

## Leserätsel

Puzzle die Buchstaben richtig zusammen.

Sie ergeben ein wichtiges Wort beim Fußball: __ __ __

Wer wird rot wie eine Tomate?

N Anton

M Moritz

Was dürfen Anton und Moritz nicht?

U Über den Zaun klettern

O Über den Baum schmettern

Wer wird rot wie eine Paprika?

W Frau Stein

T Anton

Die Buchstaben neben den richtigen Antworten ergeben ein Lösungswort:

___ ___ ___

Ergänze die fehlenden Buchstaben.

In den farbigen Feldern ergibt sich ein Lösungswort: ___ ___ ___ ___ ___ ___

**Auch das noch!**

„Lieber Ärger mit Papa
als mit Herrn Krone“, sagt Anton.
Er klettert über den Zaun.
Plötzlich biegt ein Hund um die Ecke.
Wie ein Blitz rast er auf Anton zu.
Dabei bellt er laut.
Schnell klettert Anton auf einen Baum.
Sein Herz klopft wild.
Auch Moritz bekommt einen Schreck.

„Mach die Fliege!“, ruft Anton.
Der Hund hört auf zu bellen.
Aber er geht nicht weg, sondern schnüffelt am Fußball.
Aus Antons Augen schießen zornige Blitze.
„Blöder Hund!“, schimpft er.
Der Hund ist zwar klein, aber Anton traut sich nicht herunter.
Moritz wundert sich.
Seit wann hat Herr Krone einen Hund?

„Hilf mir!“, ruft Anton vom Baum herunter.
Moritz geht neben dem Zaun
auf und ab.
„Mach schon!“, sagt Anton.
„Ich will nicht ewig
in diesem Baum hocken!“
Moritz möchte Anton helfen. Aber wie?
Der Hund legt sich neben den Ball.
„Verschwinde!“, ruft Moritz.
Aber der Hund steht nicht auf.
„Du musst bei Herrn Krone klingeln!“,
ruft Anton. Moritz stöhnt.

Langsam wie eine Schnecke
geht er los.
Sein Herz pocht, als er
vor der Tür steht.
Sein Finger zittert, als er
auf die Klingel drückt.
Herr Krone öffnet die Tür.
„Hallo“, brummt er.
„Was ist denn los?“
Moritz erzählt ihm, was passiert ist.
Herr Krone lacht.
Er sieht gar nicht mehr brummig aus.
Plötzlich findet Moritz ihn sogar sehr nett.
Und da muss Moritz auch lachen.

„Komm mit“, sagt Herr Krone.
„Wir retten Anton und den Fußball.“
Moritz zögert.
„Ist Ihr Hund gefährlich?“,
fragt er.
„Nein“, sagt Herr Krone.
„Baldo ist wild, weil er jung ist.
Er kann sogar Fußball spielen!“
„Niemals!“, sagt Moritz
und geht mit Herrn Krone
in den Garten.

Der Hund läuft ihnen entgegen.
Dabei wedelt er mit dem Schwanz.
Moritz streichelt Baldo.
„Anton, komm runter“, ruft Moritz.
„Der Hund ist ganz lieb.“
Er kichert.
„Und Herr Krone auch.“
Anton klettert vom Baum herunter.
Und dann spielen sie zusammen Fußball!
Baldo steht im Tor und
lässt keinen Ball durch.

# Infoseite
# Mut und Angst

Mut und Angst sind Gefühle. Wenn sich jemand mutig fühlt, dann hat er keine Angst davor, etwas zu tun. Jeder möchte gern mutig sein und keine Angst haben.
Aber manchmal ist es wichtig, dass man Angst bekommt. Sonst wird man übermütig und bringt sich in gefährliche Situationen. Beide Gefühle sind also sehr wichtig.
In unserer Sprache drückt man diese Gefühle oft mit Sprachbildern aus.

Mutig wie ein Löwe sein

Sich in die Höhle des Löwen wagen

Das Herz eines Löwen haben

Angsthase

Hasenfuß

Hasenherz

# Lösungen

**Seite 14/15:**

Anton und Moritz sind Brüder.
Moritz und Anton spielen am liebsten Fußball.
Sie bauen das Tor mit Besen.
Der Garten nebenan gehört Herrn Krone.
Lösungswort: BALL

**Seite 20/21:**

Ein wichtiges Wort beim Fußball: TOR
Moritz wird rot wie eine Tomate.
Anton und Moritz dürfen nicht über den Zaun klettern.
Anton wird rot wie eine Paprika.
Lösungswort: MUT

| | | | | | | | |
|---|---|---|---|---|---|---|---|
| | F | L | A | S | C | H | E |
| K | R | O | N | E | | | |
| T | O | M | A | T | E | | |
| | S | T | E | I | N | | |
| S | C | H | N | E | C | K | E |
| | H | E | X | E | | | |

Lösungswort: FROSCH

# Ein Tor für David

Eine Geschichte von Imke Rudel
mit Bildern von Jan Birck

## Ein toller Tag

Heute ist ein toller Tag für David:
Er darf endlich in den Fußballverein.
Darauf freut er sich schon lange.
Zum Geburtstag hat David ein Paar
Fußballschuhe geschenkt bekommen.
Sie sind schwarz und weiß
und megastark.
Natürlich hat er sie gleich ausprobiert.

Zusammen mit seinem Freund Michi
hat er gegen seinen großen Bruder
Marc gespielt.
Marc ist schon lange im Fußballverein
und spielt super.
Das will David auch.
Marc bringt David zum ersten Training.
Michi ist auch dabei.

Das Training beginnt mit dem Aufwärmen.
„Die Muskeln müssen warm werden“,
sagt der Trainer.
Er heißt Sebastian und ist sehr nett.
Sebastian macht die Übungen vor.
Dann öffnet er ein Netz mit vielen Bällen.
David und Michi sollen sich einen Ball
zuspielen.
Erst mit dem Fuß.
Dann mit dem Kopf.

Danach üben sie, mit dem Ball
vor den Füßen zu laufen.
Das nennt man dribbeln.
Am Ende der Stunde gibt es ein kurzes
Fußballspiel.
David und Michi sind total begeistert.
Leider ist nur zweimal in der Woche
Training.

Aber David und Michi spielen sowieso
jeden Tag zusammen.
Manchmal machen sie auf dem Spielplatz
ein richtiges Training.
Sie spielen sich den Ball im Laufen
gegenseitig zu.
Das heißt passen.

Oder sie üben, den Ball mit dem Spann
zu spielen.
Der Spann ist die Oberseite des Fußes.
Und dribbeln trainieren sie auch immer.
Seitdem sie im Verein spielen,
sind David und Michi viel besser
geworden.

## Leserätsel

Was stimmt? Kreuze an.

Davids Fußballschuhe sind:

- V schwarz und weiß
- X riesengroß
- Z uralt

Das Laufen mit dem Ball heißt:

- A drabbeln
- E dribbeln
- U krabbeln

Wie heißt Davids Freund?

- T Marc
- R Michi
- O Sebastian

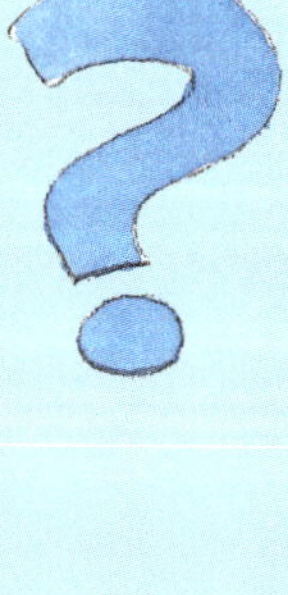

Das Training beginnt mit dem Aufwärmen.
Was muss warm werden?

EU Der Kakao

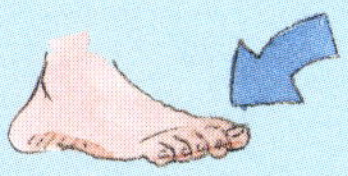

A Die Zehen

EI Die Muskeln

Wenn man sich den  im Laufen gegenseitig zuspielt, heißt das:

S küssen

N passen

M pissen

Die Buchstaben neben den richtigen Antworten ergeben ein Lösungswort. Es verrät dir, wo David Fußball spielt:

Im __ __ __ __ __ __ !

## Das erste Spiel

Am Sonntag ist das erste Spiel
gegen einen anderen Verein.
David packt schon am Samstag
alle Sachen ein:
seine Hose, das Trikot, Stutzen
und natürlich seine Fußballschuhe.
Der Trainer hat gesagt:
„Wer ohne Schuhe kommt,
kann sich das Spiel
von der Bank aus ansehen."
Da klingelt Michi.
„Kommst du? Wir trainieren noch mal
bei mir im Garten."

David angelt sich schnell seine Schuhe
aus dem Rucksack
und rennt hinter Michi her.
Den ganzen Nachmittag üben sie
im Garten Torschüsse.

Abends darf David bei Michi essen.
Es gibt Pizza, sein Lieblingsessen.
Die dreckigen Fußballschuhe
ziehen die Jungen natürlich aus.
David stellt sie vor die Tür.

Der nächste Tag ist der Sonntag.
David kann beim Frühstück kaum etwas essen.
Er fährt mit dem Bus zum Fußballplatz.
Marc hat bei seinem Freund geschlafen.
Er hat David fest versprochen, dass er kommt und ihn anfeuert.
Das Team trifft sich in der Kabine.
David zieht sein Trikot an.
Er hat die Nummer Vier auf dem Rücken.

David ist fast fertig angezogen,
da bekommt er einen riesigen Schreck:
Seine Fußballschuhe sind weg!
Er räumt seinen ganzen Rucksack aus.
Wo sind die Schuhe?
Da fällt es David ein:
Sie stehen bei Michi im Garten!
Ohne Fußballschuhe darf David
nicht mitspielen.
Was soll er nur tun?
Da kommt Marc mit dem Fahrrad.
Als er hört, was passiert ist, sagt er:
„Ich bin so schnell wie die Feuerwehr!“,
und radelt wie ein Wilder davon.

## Leserätsel

Was braucht David unbedingt für sein erstes Spiel?

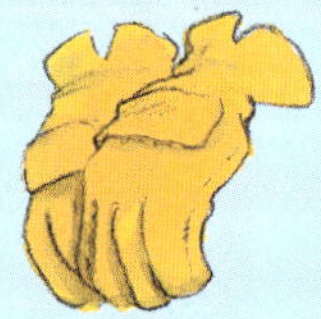

S Seine Armbanduhr

T Seine Handschuhe

D Seine Fußballschuhe

Wo hat David die Fußballschuhe vergessen?

A Im Rucksack

R Im Garten

O Im Eimer

Was zieht David an?

AU Eine Badehose

EI Ein Trikot

EU Einen Pullover

Wenn du bis hierhin alles richtig hast, ergibt sich ein Lösungswort:

___ ___ ___ ___

Welche Nummer hat Davids Trikot?

___ ___ ___ ___

Zähle die beiden Lösungswörter zusammen. Dann weißt du, wie alt David geworden ist:

____ + ____ = ____ Jahre alt!

## Tor!

David wartet ungeduldig,
bis Marc wiederkommt.
Das Spiel hat schon angefangen.
David sitzt auf der Ersatzbank
und schaut zu.
Da endlich kommt Marc!
Er ist ganz aus der Puste.

Aber er hat die Schuhe in der Hand.
„So ein Bruder ist echt spitze!“,
denkt David.
Schnell zieht er seine Fußballschuhe an.
Sofort wechselt ihn der Trainer ein.
Michi hat gerade einem Gegner
den Ball abgenommen.

Er dribbelt ihn in Richtung Tor.
„Abgeben, Michi!“, ruft Sebastian.
David ist mit nach vorne gelaufen.
In seinen Fußballschuhen
fliegt er über den Platz.
Und zwar so schnell wie eine Rakete.
Michi kickt den Ball in seine Richtung.
Plötzlich ist das Tor genau vor David.
David zielt und schießt.

„TOOOR!"

Er hat das erste Tor für sein Team geschossen!

„Toll gemacht, David!"

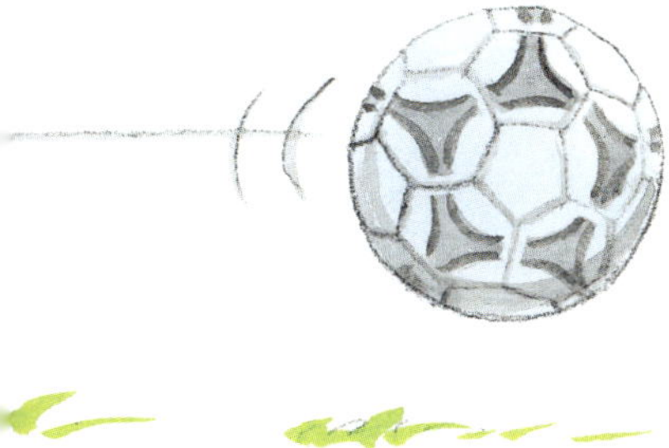

Infoseite

## Und so kann die Aufstellung

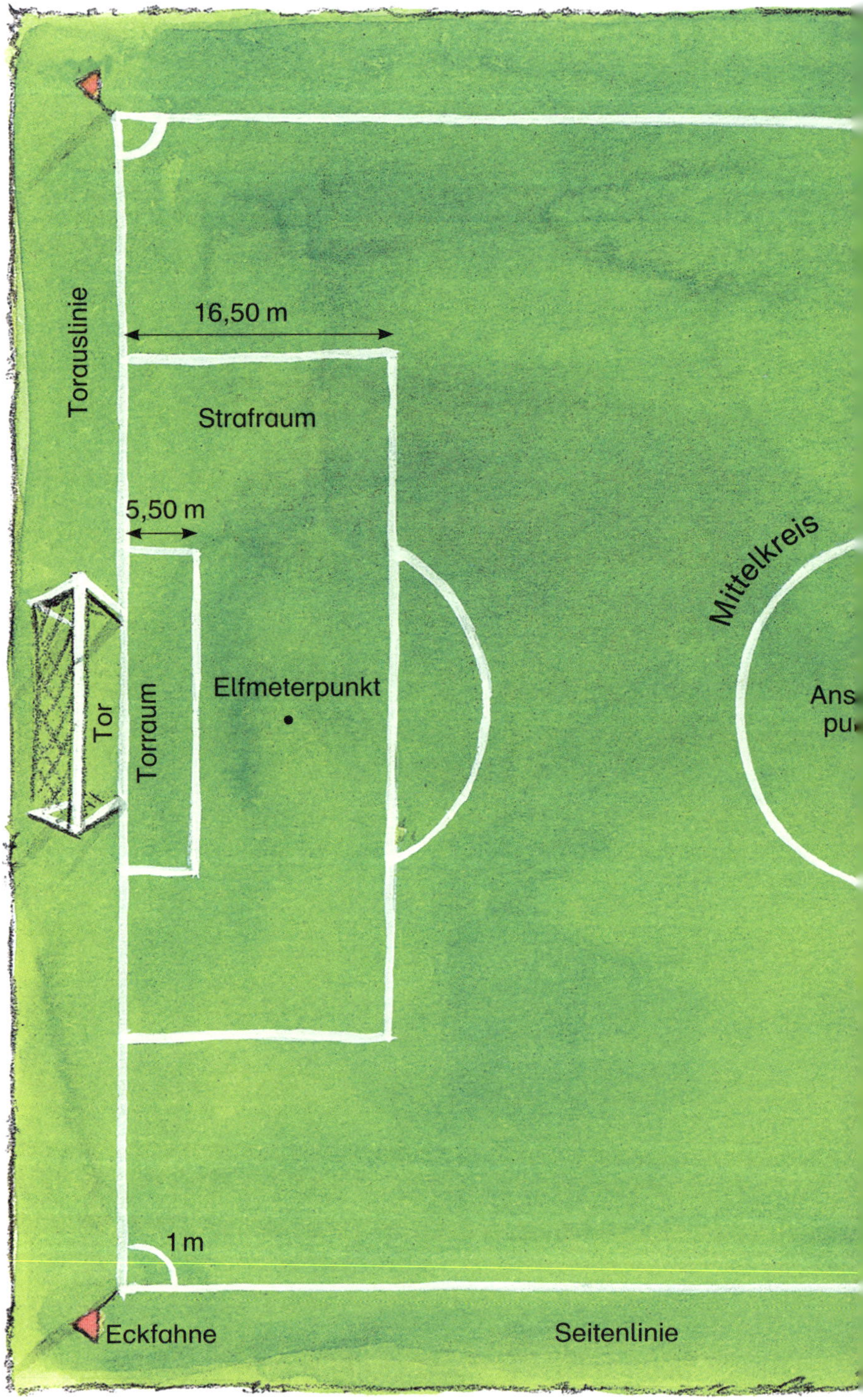

## beim Fußball aussehen.

# Lösungen

**Seite 40/41:**

Davids Fußballschuhe sind schwarz und weiß.
Das Laufen mit dem Ball heißt dribbeln.
Davids Freund heißt Michi.
Die Muskeln müssen warm werden.
Wenn man sich den Ball im Laufen gegenseitig zuspielt, heißt das passen.
Lösungswort: VEREIN

**Seite 48/49:**

Für sein erstes Spiel braucht David seine Fußballschuhe.
Er hat sie im Garten vergessen.
David zieht ein Trikot an.
Lösungswort: DREI
Davids Trikot hat die Nummer VIER.
David ist 7 Jahre alt geworden.

# Ich hab einen Freund, der ist Fußballtrainer

Eine Geschichte von Ralf Butschkow
mit Bildern von Ralf Butschkow

## Training vor dem Spiel

Heute ist Freitag und endlich
wieder Fußballtraining.
Gerade komme ich mit Mama
vor dem Fußballplatz an,
da hält Norbert neben mir.
„Hallo, Steffen“, begrüßt er mich.
„Bist du fit? Wir haben morgen
ein wichtiges Spiel.“

Norbert ist der Trainer des Fußballteams, in dem ich spiele.

In der Umkleidekabine ziehen sich
schon einige meiner Mitspieler um.
„Du musst heute die Stollenschuhe
nehmen“, sagt Norbert zu einem Jungen.
„Wir trainieren heute auf dem Rasenplatz.
Die Schuhe ohne Stollen gehen nur
in der Halle oder auf Kunstrasen.
Auf Rasen geben dir die Stollen mehr Halt.“

Heute ist das letzte Training vor
dem wichtigen Spiel am Wochenende.
Dann geht es um den Pokalsieg.

Wie immer beginnen wir
mit Aufwärmübungen.
Die sind wichtig,
damit wir uns nicht verletzen
oder etwas zerren.
Norbert kennt sich aus und
gibt genaue Anweisungen.
Er war nämlich mal Profispieler
bei einem Ligaverein.

Außerdem hat er einen Trainerschein machen müssen, da lernt man alles, was man bei diesem Beruf wissen muss. Nach dem Aufwärmen üben wir mit den Bällen dribbeln, passen und Torschüsse. Auch hier gibt Norbert Anweisungen: „Den Körper beim Schuss über den Ball, Steffen“, ruft er mir zu, „so kannst du den Ball besser kontrollieren.“

Nach dem Training treffen
wir uns alle noch mit unseren
Eltern im Vereinshaus.
Weil morgen das wichtige
Pokalspiel ist, bespricht
Norbert mit uns die Taktik und
die Aufstellung unseres Teams.
Unser letztes Spiel hat er mit einer
Kamera gefilmt. So kann er uns zeigen,
welche Fehler wir gemacht haben.

Er erklärt, was wir besser machen sollten.
Der Verein spendiert für alle Kinder
eine große Apfelsaftschorle. Lecker!
Dann gibt es noch eine große
Überraschung für alle.

Norbert hat von seinem ehemaligen Ligaverein Freikarten für ein Spiel bekommen.
Zusammen mit unseren Eltern gehen wir nach der Besprechung in das große Stadion.

Dort schauen wir uns von
der hohen Tribüne echte Profis
bei der Arbeit an.
Das ist ein toller Abschluss
für den Trainingstag.

## Leserätsel

Was ist richtig? Kreuze an!

Wo trainiert Norbert mit dem Team vor dem Spiel?

OR Vor der Imbissbude

KA Auf dem Rasenplatz

ZU Im Supermarkt

Worum geht es beim Spiel am Wochenende?

ME Um den Pokalsieg

TR Um eine Runde Freigetränke

EL Um einen Sack Fußbälle

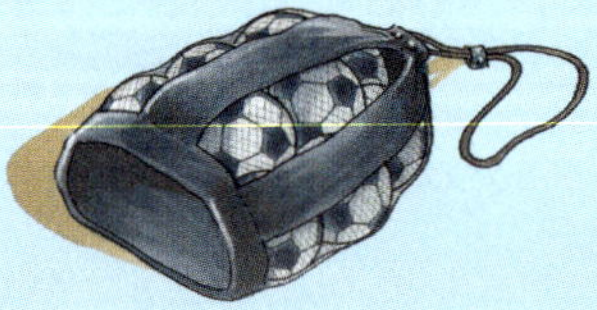

Was bespricht Norbert mit dem Team im Vereinshaus?

PL Das Essen nach dem Spiel

SU Welche Kleidung getragen wird

RA Die Taktik und die Aufstellung

Womit hat Norbert das letzte Spiel seines Teams gefilmt?

Mit einer _ _ _ _ _ _ .

## Ein spannendes Spiel

Heute ist der große Tag.
Beide Teams stellen sich
auf dem Spielfeld auf.
In der Mitte sind der Schiedsrichter,
eine Linienrichterin und ein Linienrichter.
Ganz außen stehen mein Trainer und
die Trainerin des anderen Teams.

Unser Spielführer überreicht der
gegnerischen Spielführerin einen
Vereinswimpel und bekommt auch
von ihr einen Wimpel geschenkt.
Sie geben sich die Hände.
Dann ermahnt der Schiedsrichter alle
zum fairen Spiel und kurz darauf
beginnt die erste Halbzeit.

Norbert verfolgt das Spiel
von der Trainerbank aus und gibt
immer wieder Anweisungen.
Wir rennen viel und geben
unser Bestes.

Wenn einer von uns erschöpft ist,
wechselt Norbert einen frischen Spieler ein.
Außerdem ist es gerecht, wenn jeder
oder jede aus dem Team spielen kann.
Unsere Betreuerin Sabine verfolgt
das Spiel ebenfalls genau.
Sie kümmert sich um uns,
wenn wir vom Spielfeld kommen.
Vor allem achtet sie darauf,
dass wir viel trinken.

Dann ist Halbzeitpause.
Norbert gibt Tipps für Verbesserungen.
Sabine kümmert sich um Verletzte.
Gerade kühlt sie das Knie von Franko,
der einen Tritt gegen das Bein
bekommen hat.
Das ist aber nicht schlimm.

C

Das Spiel ist fast schon zu Ende.
Da bekomme ich eine Flanke
von unserer Mittelfeldspielerin
genau vor die Füße.
Ich brauche nur noch zu schießen.
Diesmal achte ich darauf, den Körper
über den Ball zu bekommen.

Und tatsächlich geht er unhaltbar
in der rechten Ecke ins Tor.
Kurz danach ist das Spiel zu Ende
und wir gewinnen 1:0.
Nach dem Spiel geht Norbert zum
gegnerischen Team und bedankt sich
für das faire Spiel.

Der Jubel ist groß, als unser Team schließlich den Pokal in Händen hält. Am nächsten Tag ist in der Zeitung sogar ein Bericht vom Spiel mit einem Foto von uns.

Wir sind alle mächtig stolz.

NEUE NACHR

SPORT

**Großartiger Erfolg der F-Jugend im alten S**

dpa. Gestern gab es endlich mal wieder einen sportlichen Höhepunkt zu feiern. In einem spannenden Finale konnte sich die F-Jugendmannschaft des 1. FC Sternberg gegen den SC Mondhausen mit einem 1:0 durchsetzen und den Pokal für sich gewinnen. Kurz vor Spielende gelang es dem Mannschaftskapitän nach einer perfekten Vorlage durch die Mittelstürmerin, den Ball unhaltbar unter der Latte im Tor zu platzieren. Dank einer intensiven Vorbereitung konnte der Trainer die Mannschaftsleistung in diesem Jahr so weit steigern, dass der Pokalgewinn in greifbare Nähe rückte.

Eine großartige Leistung des Te und ein gelungener Abschluss diesjährigen Spielsaison.

Unseren herzlichen

Am Tag nach dem Spiel treffen wir uns alle noch mal im Vereinsheim.
Der Pokal bekommt einen Platz im Trophäenschrank.
Der Vereinsvorsitzende bedankt sich bei uns für unseren Einsatz.
Und bei Norbert für seine hervorragende Arbeit als Trainer.
Denn ohne ihn hätten wir den Pokal bestimmt nicht gewonnen.
„Ehre, wem Ehre gebührt!“, heißt es doch immer.

## Leserätsel

Was ist richtig? Kreuze an!

Wer ermahnt alle zum fairen Spiel?

| | |
|---|---|
| ARS | Der Trainer |
| TRO | Der Schiedsrichter |
| BIS | Der Linienrichter |

Von wo aus verfolgt Norbert das Spiel?

| | |
|---|---|
| PHÄ | Von der Trainerbank aus |
| STR | Aus dem Strafraum |
| BLU | Er steht hinter dem Tor |

Wer sorgt dafür, dass die Kinder viel trinken?

| | |
|---|---|
| FAL | Die Mutter eines Kindes |
| URS | Die flotte Lotte |
| ENS | Die Betreuerin Sabine |

Wann gibt Norbert Tipps für Verbesserungen?

| | |
|---|---|
| GUR | Vor Spielbeginn |
| CHR | In der Halbzeitpause |
| TRU | Er ruft während des Spiels |

Wofür bedankt sich Norbert nach dem Spiel beim gegnerischen Team?

| | |
|---|---|
| ANK | Für das faire Spiel |
| ZEH | Für die vielen Zuschauer |
| DOK | Dafür, dass sie gekommen sind |

Die Buchstaben neben den richtigen Antworten verraten dir, wo die Pokale im Vereinsheim aufbewahrt werden:

Im _ _ _ _ _ _ _ _ _ _ _ _ _ _ _ .

# Infoseite
# Diese Dinge sind wichtig beim Fußball

Ordnermütze

Rote und Gelbe Karte

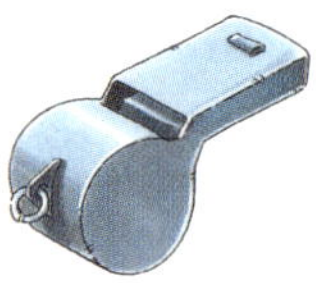

Schiedsrichter-pfeife

Trinkflasche

Torwart-handschuhe

Flagge der Linienrichter

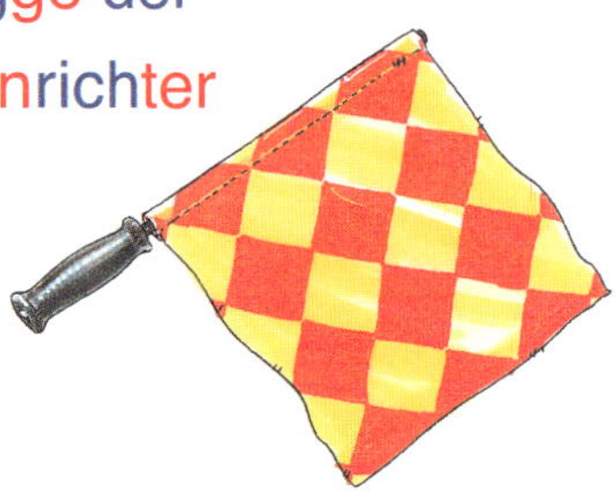

Andere, die genauso gern Fußball spielen wie du

Sporttasche

Kapitänsbinde

Stutzen

Trainingshütchen

Schienbeinschoner

Fußball, Trainingskleidung
und Fußballschuhe

# Lösungen

**Seite 70/71:**
Sie trainieren auf dem Rasenplatz.
Bei dem Spiel am Wochenende
geht es um den Pokalsieg.
Er bespricht die Taktik und die
Aufstellung des Teams.
Norbert hat das letzte Spiel mit einer
KAMERA gefilmt.

**Seite 82/83:**
Der Schiedsrichter ermahnt alle zum fairen Spiel.
Norbert verfolgt das Spiel von der Trainerbank aus.
Die Betreuerin Sabine sorgt dafür, dass die Kinder
viel trinken.
In der Halbzeitpause gibt Norbert Tipps für
Verbesserungen.
Nach dem Spiel bedankt sich Norbert beim
gegnerischen Team für das faire Spiel.
Das Lösungswort lautet TROPHÄENSCHRANK.

# Lesen lernen mit der Lesemaus

## Liebe Eltern,

alle Kinder wollen Lesen lernen. Sie sind von Natur aus wissbegierig. Diese Neugierde Ihres Kindes können Sie nutzen und das Lesenlernen frühzeitig fördern. Denn Lesen ist die Basiskompetenz für alles weitere Lernen. Aber Lesenlernen ist nicht immer einfach. Es ist wie mit dem Fahrradfahren: Man lernt es nur durch Üben – also durch Lesen.

### Lesespaß mit Lesepass

Je regelmäßiger Ihr Kind übt, desto schneller und besser wird es das Lesen beherrschen. Eine schöne Motivation kann dabei ein Lesepass sein, den Sie zusammen mit Ihrem Kind basteln können.
Vereinbaren Sie mit ihm eine kleine Belohnung, die es für eine bestimmte Anzahl an Trainingsminuten gibt.
Eine Leseeinheit können zum Beispiel 10 Minuten sein.
Für jede Leseeinheit gibt es einen Sammelpunkt – und nach einer zu vereinbarenden Anzahl von Punkten dann die kleine Belohnung.

### Wie können Sie Ihr Kind beim Lesenlernen unterstützen?

Je positiver Kinder das Lesen erleben, desto motivierter sind sie, es selbst zu lernen. Versuchen Sie, Ihrem Kind

ein Vorbild zu sein. Zeigen Sie Ihrem Kind, dass Lesen und Schreiben zum Alltag gehören. Etablieren Sie gemeinsame Leserituale. So erfährt Ihr Kind: Lesen macht Spaß!
Lesen Sie Ihrem Kind mindestens bis zum Ende der Grundschulzeit vor. Auch wenn Ihr Kind zunehmend eigenständig liest, bleibt das Vorlesen ein schönes und sinnvolles Ritual.

**Lesen lernen mit der Lesemaus**

Jedes Kind lernt unterschiedlich schnell lesen. Orientieren Sie sich bei der Auswahl von Erstlesebüchern daher an den Interessen und Lesefähigkeiten Ihres Kindes. Die Geschichten sollen Ihr Kind fordern, aber nicht überfordern. Die Lesemaus zum Lesenlernen bietet spannende und leicht verständliche Geschichten für Leseanfänger. Altersgerechte Illustrationen helfen, das Gelesene zu verstehen.
Mit lustigen Leserätseln können die Kinder ihre Lernerfolge spielerisch selbst überprüfen. Außerdem gibt es in jedem Band interessante Sachinfos für Jungen und Mädchen.

**Ihnen und Ihrem Kind viel Spaß beim Lesen!**

# Lesenlernen mit Spaß

978-3-551-06638-1

978-3-551-06642-8

978-3-551-06645-9

978-3-551-06651-0

978-3-551-06654-1

978-3-551-06644-2

978-3-551-06646-6

978-3-551-06620-6

978-3-551-06649-7

978-3-551-06643-5

978-3-551-06650-3

Wir produzieren nachhaltig
- Klimaneutrales Produkt
- Papiere aus nachhaltigen und kontrollierten Quellen
- Hergestellt in Europa

FSC www.fsc.org
MIX
Papier | Fördert gute Waldnutzung
FSC® C002795



Sonderausgabe im Sammelband

ISBN: 978-3-551-06670-1

Illustration der Lesemaus: Hildegard Müller
Umschlagillustration: Markus Spang
Illustrationen Vorsatzpapier: Dorothea Tust
Umschlagkonzeption: Gunta Lauck
Lesemaus-Redaktion: Anja Kunle
Lektorat: Constanze Steindamm
Satz: Karin Kröll
Lithografie: ReproTechnik Ronald Fromme, Hamburg

**Alle Bücher im Internet: www.lesemaus.de**
**Newsletter mit tollen Lesetipps kostenlos per E-Mail: www.carlsen.de**